Reise durch

MAURITIUS

Bilder und Texte von
Thomas Haltner

Stürtz

Erste Seite:
Kunsthandwerk aus Muscheln ziert das Restaurant Le Barachois an der Ostküste in der Nähe von Mahébourg.

Vorherige Seite:
Traumhaftes Frühstück am Strand. Besucher lieben den luxuriösen Urlaubsstil von Mauritius.

Unten:
Der wahrscheinlich älteste Hindu-Tempel auf Mauritius liegt in der Nähe des Ortes Bel Air versteckt an einer kleinen Dorfstraße.

Seite 10/11: Das Hotel Constance Le Prince Maurice gehört zu den besten Häusern. In den Abendstunden verbringt man hier seine Zeit in den Restaurants und der Pool ist menschenleer.

Inhalt

12
Strandurlaub im Paradies – Mauritius

26
Schöne Strände und seltene Pflanzen – der Norden und die Ostküste
Seite 50
Der schönste Tag im Leben – Heiraten auf Mauritius
Seite 60
Vom Piratennest zur erfolgreichen Demokratie

70
Von Port Louis zu den Rochester Falls – der Westen und der Süden
Seite 78
Auf der Spur des Zuckers
Seite 102
Blaue Mauritius – die berühmteste Briefmarke der Welt

114
Ohne Verkehrsampeln – die Nachbarinsel Rodrigues

134 Register
135 Karte
136 Impressum

Strandurlaub im Paradies – Mauritius

Der Norden von Mauritius bietet viele schöne Strände und noch mehr schöne Ausblicke. Vom Cap Malheureux geht der Blick hinüber zur Insel Coin de Mire.

Strandurlaub im Paradies: auf einer Insel kleiner als das Bundesland Saarland und mitten im Indischen Ozean, 2000 Kilometer vor der Küste Afrikas. Im 18. Jahrhundert war Mauritius ein berüchtigtes Piratennest, heute ist das Eiland eine Urlaubsdestination erster Güte. Tropisches, immer warmes Klima, eine hervorragende Wasserqualität, Strände und Hotels vom Allerfeinsten. Mauritius bietet mehr als nur eine Geschichte zur berühmtesten Briefmarke der Welt, sie ist ein traumhaftes Fernreiseziel. Dafür sorgen nicht nur die feinen, weißen Strände, sondern auch die offene Freundlichkeit der Einheimischen. Wer einmal so richtig abschalten will, kommt hier voll auf seine Kosten. Die Hotels der Insel bieten alles, was einen erholsamen Urlaub ausmacht. Sie liegen versteckt in kleinen Buchten, mit einem eigenen, stets sauberen Strand. Die Swimmingpools sind mehr als großzügig, zum Teil mit kleinen Inseln oder ins Wasser gebauten Bars. Insgesamt 300 Kilometer Küstenlinie hat Mauritius, über 160 Kilometer davon sind Strand. Kellner versorgen die Gäste mit fruchtigen Cocktails, frische Badetücher erhält man, so oft man will. Der Besucher genießt eine fantastische Zeit, doch die Insel bietet noch mehr. Machen Sie sich auf die Reise durch Mauritius!

Die mauritische Nordwestküste erstreckt sich von Port Louis bis zum Cap Malheureux im Norden. Hier reihen sich in dichter Folge einige der besten Strände des Landes aneinander (zum Beispiel Péreybère, Grand Baie, Trou aux Biches, Choisy). Von April bis Oktober ist diese Gegend die wärmste der ganzen Insel und hält hervorragende Tauchreviere und spektakuläre Sonnenuntergänge über dem Meer bereit. Die Strände im Westen bei Wolmar und Flic en Flac werden von vielen als die schönsten von Mauritius bezeichnet, die längsten sind sie zweifellos. Von Filao-Wäldern gesäumt, schmal, weiß und scheinbar unendlich, ziehen sie sich dahin. Kein Wassersport-Wunsch bleibt hier unerfüllt, da die Region zu den touristisch am besten

erschlossenen zählt. Die abwechslungsreiche Küste im Osten von Mauritius ist ein tolles Revier für Windsurfer. Zwischen Cap Malheureux im Norden und Mahébourg im Süden zeigt die Küste ihre pittoresken Reize. Besonders die Strände von Roches Noires und Belle Mare Plage oder von Trou d'Eau Douce, die ein elf Kilometer langes weißes Band bilden, tun sich hervor. Badeparadiese bilden außerdem die unmittelbar vor der Küste liegenden Inseln Île aux Cerfs und Île de l'Est. Mit ihrer ungestümen, ursprünglichen Wildheit bildet die Südküste den stärksten Kontrast zu den sonst so sanften Gestaden der Insel. Von Mahébourg im Osten, in der Nähe des Flughafens, bis zum Le Morne Brabant ganz im Südwesten reicht dieser landschaftlich wohl spektakulärste Küstenteil. Ihr östlicher Abschnitt ist der einzige ohne Korallenriffe und der Ozean brandet mit aller Macht an. Doch auch an diesem Küstenabschnitt gibt es bei Blue Bay und beim Le Morne Brabant geschützte Stellen zum Baden.

Die Küstenregionen sind meist flach, außer im Südwesten der Insel. Dort reichen Ausläufer des Berglands direkt bis ans Meer heran, zum Beispiel der 550 Meter hohe Le Morne Brabant, an dessen Fuß einer der beliebtesten Badestrände und das Hotel Le Paradis liegt. Auch anderswo ist für landschaftliche Abwechslung gesorgt. An manchen Stellen, an denen Flüsse oder Bäche ins Meer münden, wachsen Mangroven-Wälder, die mit ihren Stelzwurzeln besonders exotisch wirken. Die kilometerweiten Strände von Mauritius sind überall und für jedermann zugänglich. Sie locken mit feinkörnigem Sand und Schatten spendenden Bäumen. Unmittelbar vor der Küste grüßen oft kleinere Inseln wie etwa die Île d'Ambre oder die Île aux Cerfs, die selbst fantastische Strände zu bieten haben. Fast überall von vorgelagerten Korallenbänken geschützt, sind die Küstengewässer meist ruhig und natürlich angenehm warm.

Auch unter Wasser ein Traum

Die traumhaften Landschaften von Mauritius setzen sich unter Wasser fort, denn die Insel ist beinahe vollkommen von Korallenbänken umgeben. Schon beim Anflug auf die Insel ist die Gischt der Wellen, die sich am Riff brechen, als weißer Kranz erkennbar. Die Unterwasserwelt der Korallen eröffnet Tauchern wahre Zaubergärten voll bizarrer Formen und Farben. Zahlreiche Hotels und Tauchschulen offerieren Tauchgänge für Anfänger und Fortgeschrittene. Da die vulkanische Aktivität auf Mauritius erloschen ist, sinkt die Insel langsam wieder ins Meer hinab. Die Korallen müssen sich also nach der Decke strecken und immer weiter der Sonne entgegenwachsen. Sie entziehen dem

Meerwasser Kalk und bauen daraus fantastische Korallenstöcke. Diese gleichen verästelten Bäumen und bieten ganzen Heerscharen von tierischen und pflanzlichen Untermietern ein Zuhause. Mauritius ist auch ein schönes Tauchreiseziel.

Sehr beliebt bei den Besuchern ist das Golfspiel. Aufgrund der englischen Kolonialgeschichte hat der Sport hier eine lange Tradition. Seit Anfang der 1990er-Jahre sind auf Mauritius hervorragende Golfhotels entstanden. Einige davon bieten ihren Gästen Championship-Plätze direkt an der Küste. Führende Golfarchitekten aus Südafrika haben die Plätze gestaltet, die zu den landschaftlich schönsten und sportlich anspruchsvollsten im Indischen Ozean gehören. Jeder der 9- oder 18-Loch Plätze auf Mauritius verfügt über ein Club-Haus, das die Gäste vor oder nach der Golf-Partie auf einen Drink willkommen heißt. Momentan verfügt Mauritius über acht 18-Loch Golfplätze und drei 9-Loch Golfplätze. Der Golfplatz des Hotels Le Touessrok auf der Île aux Cerfs wurde vom deutschen Meistergolfer Bernhard Langer gestaltet. Auf dem Île aux Cerfs Golf Course sind nicht nur Resortgäste (Greenfee unlimited inklusive), sondern auch Greenfee-Spieler anderer Hotels auf Mauritius willkommen. Der 18-Loch-Kurs, Par 72, ist fast 6,5 Kilometer lang und damit der längste Platz der Insel.

Hotels mit Stil

Auf Mauritius hat sich in den letzten Jahrzehnten eine Strandhotelkultur entwickelt, die auf der Welt ihresgleichen sucht. Insgesamt zählt die Insel rund 105 Hotel- und 60 Apartmentanlagen von der einfachsten Kategorie bis hin zur absoluten Luxusklasse. Massentourismus, wie er auf anderen tropischen Inseln zu finden ist, gibt es aber auf Mauritius nicht. Und es wird ihn auch in Zukunft nicht geben. Dafür steht die Politik des Landes, die bewusst auf eine behutsame, umweltverträgliche Entwicklung des Fremdenverkehrs setzt. Dies gilt besonders für die Hotelbranche: Der Bau neuer Anlagen unterliegt strengen gesetzlichen Auflagen. Die Häuser müssen sich in Größe und Architektur in ihre Umgebung einfügen und eine Reihe von Qualitätskriterien erfüllen, die vom Mauritischen Fremdenverkehrsamt regelmäßig überprüft werden. Dank dieser Vorgaben sind auf Mauritius keine gesichtslosen Massenquartiere entstanden, sondern Häuser für Gäste, die individuellen Stil, besonderen Komfort, freundlichen Service, ein umfangreiches Freizeitangebot sowie eine erstklassige und abwechslungsreiche Küche erwarten. Im Übrigen erhalten meist nur sehr wenige Händler die Möglichkeit, ihre Waren am Strand zu verkaufen.

Ein Tomatenverkäufer auf dem Zentralmarkt in der Hauptstadt Port Louis, auf dem jeden Tag die einheimischen Früchte und Erzeugnisse feilgeboten werden.

In den großzügigen Hotelanlagen unmittelbar an der Küste haben die Gäste meist einen besonders schönen Strandabschnitt für sich allein. Die Häuser liegen in der Regel außer Sichtweite ihrer Nachbarn und bestehen aus Gebäudekomplexen, die sich harmonisch in die Landschaft einfügen. Kaum ein Haus ragt über die Baumwipfel hinaus. Die Architektur orientiert sich oft an mauritischen Vorbildern, etwa am Stil der kreolischen Landvillen. Umfangreiche und zum Teil kostenlose Freizeit- und Wassersportangebote gehören fast überall zum Standard. Dazu kommen neuerdings auch immer mehr Wellness-Programme. Einige Hotels verfügen über eigene kleine Casinos. Tauchkurse und Tauchgänge werden durchgeführt, Reiten, Tennis und Fahrradverleih runden das Programm ab.

Spaziergang unter Wasser oder mit Löwen

Eines der außergewöhnlichen Vergnügen der Insel ist ein Spaziergang unter Wasser. Auf Mauritius ist dies sogar für Nicht-Taucher möglich. Vor der Küste des bunten Örtchens Grand Baie kann man vier Meter unter der Wasseroberfläche den Meeresbewohnern einen halbstündigen Besuch abstatten. Das ist mit Hilfe eines speziellen Helmes möglich und völlig ungefährlich, da man über einen Schlauch ständig mit frischer Atemluft versorgt wird. Unter Wasser verständigt man sich dann per Handzeichen, füttert Fische und lässt sich fotografieren oder filmen. Auch als Nichtschwimmer muss man auf diesen Spaß nicht verzichten, Brillenträger können sogar ihre Gläser aufbehalten. Lassen sie sich das Foto von Boris Becker in jungen Jahren zeigen, der auch schon unter dem Helm steckte!

Im Casela Yemen Nature Escapade Park auf Mauritius können Besucher Löwen aus nächster Nähe erleben. Auf Fußpfaden nähert man sich den Raubkatzen, um sie entweder aus der Entfernung von einer hölzernen Plattform aus zu beobachten, ihnen direkt gegenüber zu stehen, oder mit ihnen einen einstündigen Spaziergang zu unternehmen. Wer sich für die direkte Begegnung entscheidet, kann die Tiere unter Aufsicht sogar streicheln. Im Park der Löwen ist den ganzen Tag ein Guide anzutreffen, der Fragen beantwortet und über die Tiere Auskunft gibt. Der rund 4500 Hektar große Casela

Yemen Nature Escapade Park bietet aber auch für Personen, die nicht nur an Löwen interessiert sind, noch so einiges. Rund 9000 Hirsche, zahlreiche Wildschweine, Hasen, Affen, Zebras und Flughunde sind hier beheimatet. Die Täler des Parks werden am besten mit dem Quad Bike, bei einer Safari oder ausgedehnten Wanderungen entdeckt. Des Weiteren gibt es einen Mini-Bauernhof für Rehe und Hirsche, die von den Besuchern gefüttert werden können. Auch Angeln wird angeboten.
Der Black River Gorges Nationalpark lockt auf einer Fläche von rund 6500 Hektar mit beschilderten Wanderwegen, die sich auf einer Gesamtlänge von mehr als 60 Kilometern durch das Gebiet schlängeln. Damit ist der Park, der 1994 zum Naturschutzgebiet erklärt wurde, das am weitesten ausgedehnte Wandergebiet auf Mauritius. Die Routen führen von Le Pétrin, wo sich auch ein Touristen-Informationszentrum befindet, zum Macabee-Wald (sieben Kilometer) oder durch die Schluchten hinunter zum Rivière Noire (15 Kilometer). Eine etwas anspruchsvollere Tour stellt der Aufstieg auf den höchsten Punkt der Insel dar. Der Piton de la Petite Rivière Noire hat eine Höhe von 828 Metern und ist in etwa drei Stunden zu erreichen. Für die Strapazen der Wanderung werden Besucher mit einem einzigartigen Ausblick vom Gipfel belohnt. Bei gutem Wetter ist von hier aus sogar die Nachbarinsel La Réunion zu sehen.

Riesige Seerosen

Weltweit bekannt ist der Botanische Garten von Pamplemousses. Schon im Jahre 1770 wurden Teile dieses Gartens angelegt. Heute ist das Gelände mit seinem riesigen Artenreichtum und dem berühmten Seerosenteich die Attraktion Nummer Eins. Der Sir Seewoosagur Ramgoolam Botanical Garden, abgekürzt SSR Botanical Garden, oder auch Pamplemousses Botanical Garden liegt acht Kilometer nördlich der Hauptstadt Port Louis und umfasst eine Fläche von etwa 37 Hektar. Der Garten ist vor allem durch seine riesigen Seerosen, Talipot-Palmen und Wasserlilien bekannt, er bietet aber auch eine große Anzahl an teils exotischen Gewürzen, Ebenholz-Bäumen, Zuckerrohr und 85 verschiedene Arten von Palmen. In der Mitte des Parks findet sich das Kolonialhaus Mon Plaisir, das unter Denkmalschutz steht und lediglich für Staatsempfänge geöffnet wird.
Wer auf Mauritius auf Entdeckungstour gehen will, ob mit Führer oder auf eigene Faust, dem bietet sich dazu jede denkbare Gelegenheit. Mit 1600 Kilometern asphaltierter Straßen verfügt Mauritius über ein gut ausgebautes Wegenetz. Die Höchstgeschwindigkeit beträgt in Ortschaften 50, außerhalb 80 Stundenkilometer. Etwas

Nicht Afrika, sondern Mauritius: Im Casela-Naturpark kann ein Spaziergang mit Löwen unternommen werden, bei dem die Tiere nicht angeleint sind und sich frei bewegen.

Vorsicht ist für Mitteleuropäer geboten, da auf Mauritius Linksverkehr herrscht. Viele Hotels und alle Reisebüros, die es in den meisten Orten der Insel gibt, haben geführte Inselrundfahrten per Bus oder Taxi in ihrem Programm.

Nach einer Volkszählung zählte Mauritius 1997 etwa 1,13 Millionen Einwohner, die den unterschiedlichsten Volksgruppen, Sprachfamilien und Religionen angehören. Bemerkenswert ist, wie gut das Zusammenleben funktioniert. Die Mauritier bilden das Musterbeispiel einer funktionierenden multiethnischen Gesellschaft. Da es auf der Insel keine eigentliche Urbevölkerung gibt, sind alle Mauritier Nachfahren von Immigranten. Aber anders als andere Einwanderungsländer war Mauritius nie ein Schmelztiegel. Ohne etwas von ihrer Kultur, ihrer Sprache oder ihrer Religion preiszugeben, leben die Nachfahren von Indern, Afrikanern, Europäern und Chinesen friedlich, tolerant und in gegenseitigem Respekt nebeneinander. Besonders anhand ihrer Gotteshäuser und anderen Symbolen der Religiosität kann der interessierte Besucher sich ein gutes Bild dieser Gesellschaft machen.

Diese multikulturelle Vielfalt der mauritischen Gesellschaft findet man ebenso in der einheimischen Küche. Es gibt indische, kreolische, chinesische und europäische Gerichte, oft ist es eine spannende Mischung aus allem. Die Auswahl an Fisch und Meeresfrüchten ist riesig. Eine beliebte Beilage ist Reis. Die Soßen sind meist sehr scharf. In den Hotels sind die Frühstücks- und Abendbuffets oft so reichhaltig, dass mittags ein kleiner Snack am Pool durchaus ausreicht. Typisch für Mauritius sind vor allem die kreolischen Restaurants mit ihren scharfen Curry-Gerichten. Man kann aber in allen Städten der Insel indisch, chinesisch und französisch essen gehen. Viele Häuser bieten die Spezialitäten mehrerer Esskulturen an. Dazu kommen spezielle Restaurants für Fisch und Meeresfrüchte. Und wer nun absolut keine Lust auf Experimente hat, der findet immer noch einen Italiener oder ein Steak- und Grillhaus. Zum Mittagessen öffnen die meisten Restaurants gegen 11.00 Uhr und schließen um 17.00 Uhr. Da auf Mauritius abends sehr viel früher gegessen wird als beispielsweise in den Mittelmeerländern, schließen die meisten Gaststätten bereits gegen 22.00 Uhr.

Allgegenwärtige Musik und Feste

Allerorts ist der Séga, der traditionelle Tanz der Mauritianer, lebendig. Seine Wurzeln hat diese Gesangs- und Tanzform in der afrikanischen Musik aus der Zeit der Sklaverei. Der Séga zeichnet sich durch seine einzigartige Ausdrucksform aus, mit scharrenden Füßen, sich wiegenden Hüften und kreolischen Texten. Traditionell spielt man den Séga mit nur drei Instrumenten: einer Ravanne (eine Art Tambourin), einer Maravanne (Rassel) und einem Triangel. Heute ist er aber auch vom Einfluss zeitgenössischer Musik geprägt und wird mit modernen Instrumenten vorgetragen. Zahlreiche Séga-Tanzveranstaltungen gibt es vor allem an Samstagabenden, am Strand vor einem großen Feuer und in den meisten Hotels. Liebhaber des traditionellen Séga können sich Werke in spezialisierten Musikgeschäften beschaffen (Neptune in Port Louis, Agora in Riche Terre). Dorthin muss man auch gehen, um Alben von Kaya und seiner Gruppe Racinetatane aufzuspüren. Als Erfinder des Seggae (Séga in Verbindung mit Reggae) ist Kaya sehr populär geworden und wird seit seinem Tod im Jahr 1999 sehr verehrt.

Die Feste und Feierlichkeiten des multiethnischen Landes sind vielfältig und begründen sich aus den Religionen Hinduismus, Christentum, Islam und Buddhismus. Die Volksgruppen pflegen ihre überlieferten Tänze und Riten und feiern sie das ganze Jahr über. So können Besucher im Februar ein fünftägiges Hindu-Fest zu Ehren des höchsten Gottes Shiva, das Maha Shivaratree, erleben. Oder im September zusammen mit den mauritischen Chinesen das Mondfest feiern. Am 12. März, dem Unabhängigkeitstag, hat man die beste Möglichkeit, die bunte Vielfalt der Kulturen kennen zu lernen. Jede religiöse Gemeinschaft trägt ihren Teil zum Unabhängigkeitsfest bei, sogar die Polizei präsentiert sich mit einer spektakulären Parade. Unter jährlich wechselnden Mottos wird Anfang Dezember auf Mauritius das Festival International Kreol veranstaltet. Eine Woche lang können Besucher überall auf der Insel Konzerte, Ausstellungen, Lesungen und Diskussionsrunden besuchen. Bei Séga-Tänzen am Fuße des Berges Le Morne Brabant, bei Theateraufführungen vor der historischen Kulisse der Kathedrale von Port Louis und bei kreolischer Kochkunst in Mahébourg stellen Vertreter aller kreolischer Regionen ihre Kultur vor.

Nachbarinsel Rodrigues

Neben den vielen kleinen Eilanden, die Mauritius vorgelagert sind, gehört die größere Insel Rodrigues mit zum Staatenverbund Mauritius. Rodrigues liegt etwa 560 Kilometer nordöstlich von Mauritius, ist mit 1,5 Flugstunden aber

Landeanflug mit Air Mauritius. Der Internationale Flughafen liegt im Süden und bei Start und Landung kann man schon die Schönheit seines Urlaubsparadieses erahnen.

doppelt so weit entfernt wie das französische La Réunion. Während einer Mauritius-Reise hört man oft, dass Rodrigues so ist, wie Mauritius vor 20 Jahren wohl einmal war. Doch die Insel ist so anders und so abgeschieden, dass sie wohl nie wie Mauritius sein wird. Rodrigues liegt in einer Lagune, die zwei Mal größer ist als sie selbst. Auf einer Länge von 18 und einer Breite von 6,5 Kilometern besitzt die Insel eine sehr abwechslungsreiche Landschaft. Diese reicht von grünen Tälern über karge, vulkanische Hügel mit Basalt-Orgelpfeifen bis hin zu kleinen wilden Buchten, Stränden gezäumt von Filao-Bäumen und kleinen, sandigen „Koralleninseln", auf denen die Seevögel nisten. Mit seinen circa 40 000 Einwohnern ist Rodrigues immer noch natürlich und wild. Rodrigues ist ein Paradies für Wanderer, Taucher und für jeden, der Natur sucht.

Im Norden von Rodrigues befindet sich die Hauptstadt der Insel, Port Mathurin. Typisch für das Stadtbild sind die alten Holzstände, die dem Handel mit Eisenwaren und Lebensmitteln dienen, sowie die alten Kolonialhäuser. Weiter nördlich liegt Anse aux Anglais, eines der attraktiven Dörfer der Insel, in dem die meisten Unterkünfte für Touristen zu finden sind. Östlich von Port Mathurin liegt Baie aux Huîtres, ein kleiner „Zufluchtsort" direkt am Meer. Der Süden hat für Angler und Fischer einiges zu bieten. Der Weg nach Port Sud-Est ist eine Reise wert: Kurvenreich fährt man durch die Berge, überblickt den Ozean und erhält unversperrte Blicke auf die faszinierenden, blauen Farbtöne der Lagune. Vor Port Sud-Est bieten sich gleich zwei kleine Inseln für einen Ausflug zum Tauchen im kristallklaren Wasser, Sonnenbaden und Barbecues am Strand an. Die schönsten Strände befinden sich im Osten der Insel. Die meisten Strände sind menschenleer und ruhig, da sie nur zu Fuß oder mit dem Boot zu erreichen sind. Auf einer Rundtour über Rodrigues wird man mit Sicherheit auch am Inselgefängnis vorbeikommen. Es ist bekannt dafür, dass die Tür dort immer offen ist, damit ein Insasse selbstständig zum Arzt gehen kann, wenn er mal krank wird.

Der Sonntag ist bei den christlichen Einwohnern der Insel ein Feiertag und der Besuch des Gottesdienstes, wie hier in Bel Air, gehört auf jeden Fall dazu.

Die Bevölkerung von Rodrigues besteht aus einer Mischung aus den Einwanderern aus Afrika und Madagaskar, die im 18. und 19. Jahrhundert auf die Insel kamen, und den Franzosen, die sich zu Beginn der Kolonialzeit auf Rodrigues niederließen. Nachdem im 20. Jahrhundert Asiaten, vor allem aus China, auf die Insel kamen, hat sich der „Bevölkerungs-Mix“ nochmals verstärkt. Der Reiz von Rodrigues liegt in der von der Insel ausgehenden Ruhe, in der Natürlichkeit und in der Freundlichkeit der Bewohner. Das Ziel des „Natur-Tourismus“ setzt sich auf Rodrigues noch besser durch als auf den Nachbarinseln Mauritius oder La Réunion. Obwohl eine steigende Anzahl an Touristen erhofft wird, setzt die Regierung auf Qualität statt Quantität.
Mauritius und Rodrigues, zwei unterschiedliche Schwestern, bieten für jeden Besuchertyp eine eigene Welt. Die Trauminseln im Indischen Ozean erfüllen alle Sehnsüchte nach einem einzigartigen Urlaubserlebnis: Palmengesäumte Strände, farbenprächtige Korallenriffe, glitzernde Lagunen, türkisblaues Meer und grüne Täler. Gehen sie auf die Reise durch Mauritius und Rodrigues!

Seite 22/23: *Ein Urlaubstag im Hotel Maritim wie aus dem Bilderbuch. Ob Pool, Strand oder ein Bootsausflug – jede Aktivität macht Spaß.*

Seite 24/25: *Raue Berge, grüne Urwälder und rauschende Wasserfälle bestimmen das Bild des Südens. Es ist die spektakuläre Natur, die Besucher auf Ausflugstouren in diesen Teil der Insel zieht.*

Schöne Strände und seltene Pflanzen – der Norden und die Ostküste

Das 6-Sterne-Hotel Constance Le Prince Maurice gehört zur Constance-Hotelgruppe und liegt an der Ostküste. Der Strand ist durch ein vorgelagertes Riff geschützt und auch für Kinder geeignet.

Wegen seiner schönen Strände zählt der Norden zu einer der wichtigsten touristischen Regionen von Mauritius. Es gibt eine große Auswahl an Unterkünften und Restaurants, Wassersport und viele Einkaufsmöglichkeiten. Zentrum ist Grand Baie. Trotz des Vergnügungsangebots ist der charmante Flair des ehemaligen Fischerdorfs erhalten geblieben. In Cap Malheureux, einem kleinen Dorf am Nordzipfel der Insel, kann man Fischer bei der Arbeit beobachten. Zu Füßen der Felsen wogt das Meer, am Horizont ragen die kleinen Inseln Coin de Mire, Île Plate und Îlot Gabriel aus dem blauen Wasser. Im kleinen Fischerdorf Grand Gaube liegt das Feng-Shui-Hotel Legends an einer seichten Bucht. Der Botanische Garten in Pamplemousses ist weltweit wegen seiner großen Sammlung einheimischer und exotischer Pflanzen bekannt. Die gigantischen Seerosen und viele Palmenarten sind hier ebenso zu bewundern, wie die außergewöhnliche Schattenpalme, von der man sagt, dass sie nur einmal alle 60 Jahre blüht und dann stirbt.

Im Osten ist die Île aux Cerfs das Paradies des Wassersports und für viele liegt dort der schönste Strand von Mauritius: Die Insel liegt nur 10 Minuten mit dem Boot vom wunderschönen 6-Sterne-Hotel Le Touessrok entfernt. Golfliebhaber kommen auf dem 18-Loch-Golfplatz der Insel auf ihre Kosten. Belle Mare verfügt über einen großartigen Strand. Dieser Küstenabschnitt zieht sich, mit seinen goldenen Sandstränden bei Palmar und Trou d'Eau Douce bis zu Grand Port hin. Spitzenhotel in dieser Region ist das Constance Le Prince Maurice. Mahébourg ist eines der Fischereizentren der Insel und liegt an der großen Bucht von Grand Port, unweit des Internationalen Flughafens, von dem die Flugzeuge der nationalen Gesellschaft Air Mauritius starten.

Oben:
Über die Jahre hat sich Grand Baie zum touristischen Zentrum von Mauritius entwickelt – dennoch hat der Ort seinen Charme bewahrt.

Rechts:
Täglich starten die Ausflugsfahrten: Alle Arten von Wassersport werden in Grand Baie angeboten, vom Spaziergang unter Wasser bis zu Bootsausflügen auf die benachbarten Inseln.

Oben:
Nach der Schule zieht es die Kids zum Spielen ans Wasser, wie hier am Bootsanleger in Cap Malheureux.

Links:
Am Bootsanleger von Grand Baie starten die Touren der Hochseefischer. Wegen seiner Größe und Schnelligkeit wird der Blaue Marlin besonders gerne gejagt.

Links:
In Grand Baie ist die Polizei auch mit Fahrrädern unterwegs. Viel zu tun gibt es für die Polizisten allerdings nicht.

Links Mitte:
An den kleinen bunten Ständen in Cap Malheureux gibt es Süßigkeiten und Getränke.

Links unten:
Der Norden von Mauritius eignet sich auch für Fahrradtouren. Diese beiden haben gerade einen Stopp in Cap Malheureux gemacht.

Unten:
Goodlands ist eine kleine industrialisierte Stadt im Norden der Insel. Früher florierte hier die Zuckerproduktion, heute hat sich die Textilindustrie niedergelassen.

Rechts oben:
Zeitvertreib für die Einheimischen sind Karten- und Brettspiele, oder wie hier in Grand Baie das Domino Spiel.

Rechts Mitte:
Friseurbesuch in Goodlands. Darf es ein Haarschnitt oder lieber eine Rasur sein?

Rechts unten:
Strandverkäufer bieten nicht nur Souvenirs, sondern auch Verpflegung. Meistens gibt es geschälte Ananas, eher selten sind es Himbeeren wie hier.

Unten:
Legends ist das einzige Feng-Shui-Resort im Indischen Ozean und gehört zur Naïade-Gruppe. Es ist das beste Hotel im Norden der Insel, bietet privaten Luxus und ein ausgezeichnetes Spa- und Wellness-Angebot.

Rechts oben:
Die Gäste des Legends unternehmen Segeltouren und Bootsausflüge zu den vorgelagerten Inseln im Norden von Mauritius.

Rechts Mitte:
Fünf verschiedene Restaurants stehen den Gästen des Legends zur Verfügung. Das Le Bastide, mit dem schönen Blick auf die vorgelagerten Inseln, ist spezialisiert auf mediterrane Küche und à la Carte Dining.

Rechts unten:
Fischer des Ortes Grand Gaube machen mit Netzen auch am flachen Strand des Legends ihren Fang.

Linke Seite:
Séga ist die ehemalige Musik der Sklaven. Fast jedes Hotel bietet einmal die Woche eine Vorführung der traditionellen Musik und des Séga-Tanzes an.

Private Dinner mit Musik am Strand können die Gäste der Hotels als Extra buchen.

Tanzvorführung im Hotel Maritim. Das Programm ist abwechslungsreich und vielseitig, heute gibt es eine indische Vorführung.

Rechts:
Der Botanische Garten von Pamplemousses stammt aus dem Jahre 1770 und der Besuch dieser wunderschönen Anlage ist absolutes Muss eines Mauritius-Urlaubes.

Unten:
Größer als Autoräder werden die Riesenblätter der Amazonas-Wasserlilien „Victoria Regia“ im Park von Pamplemousses, der acht Kilometer nördlich der Hauptstadt Port Louis liegt.

Oben:
Mehr als 600 Pflanzenarten sind in Pamplemousses zusammengetragen worden. Beeindruckend ist auch die Vielzahl der verschiedenen Palmenarten auf dem 37 Hektar großen Gelände.

Links:
Das schmiedeeiserne Eingangstor zum „Sir Seewoosagur Ramgoolam Botanical Garden“ ist eine Sehenswürdigkeit für sich. Der Garten ist täglich von 8.30 bis 17.30 Uhr geöffnet, auf Wunsch kann ein Führer gemietet werden.

Oben:
Blick durch die Kasuarinen-Bäume. Am Strand liegt ein schöner Hindu-Schrein in der Bucht Anse La Raie im Norden der Insel, an dem sich an hinduistischen Feiertagen die Gläubigen versammeln.

Rechts:
In der östlichen Ecke der Anse La Raie am Point Madras steht der kleine Schrein. Er ist dem Elefantengott Ganesh und Vatergott Shiva gewidmet. Bunte Figuren der hinduistischen Mythologie zieren das pagodenförmige Dach.

Oben:
Die Kapelle „Notre-Dame Auxiliatrice" am Cap Malheureux mit dem roten heruntergezogenen Dach ist die aus den Reiseführern und Bildbänden bekannteste Kirche von Mauritius.

Links:
Der 1979 vom Papst heiliggesprochene Missionar Père Laval liegt im Wallfahrtsort Chapelle St. Croix in einer kleinen Kapelle begraben. Besonders an seinem Todestag pilgern die Einheimischen zu der Kirche nordöstlich von Port Louis.

Unten:
Eines der bekanntesten Unterwasservergnügen von Mauritius ist der Spaziergang mit einem Helm am Meeresgrund und der Fütterung von Fischen. Die Touren starten von Grand Baie und finden im offenen Meer vor der Küste statt.

Rechts oben:
Berühmt für seine wasserfesten Ölgemälde ist der Maler Jean-Michel Langlois. Seine Bilder entstehen unter Wasser und zeigen in facettenreichen Blautönen die Schönheit des Ozeans.

Rechts Mitte:
Vom Blue Diving Centre im Hotel Constance Belle Mare Plage startet der Unterwassermaler Jean-Michel Langlois zu seinen Tauchexpeditionen.

Rechts unten:
Beim Unterwasserspaziergang setzt man einen mehrere Kilogramm schweren Stahlhelm auf, der einen über einen Schlauch mit Atemluft versorgt.

Rechts:
Zwei Drittel der Bevölkerung sind indischer Abstammung und die meisten von ihnen Hindusten. Über die ganze Insel verteilt finden sich Tempel, wie dieser in Triolet.

Unten:
Der Hinduismus ist die drittgrößte Weltreligion. Die verschiedenen hinduistischen Traditionen und Philosophien vertreten unterschiedliche Gottesbilder, die Tempel zeichnen sich alle durch ihre Farbenpracht aus.

Oben:
Eine Sehenswürdigkeit in Bel Air, einer Stadt acht Kilometer südlich von Centre de Flacq, ist der farbenprächtige Tempel Siva Soopramaniarkovil am westlichen Ortsausgang mitten in einem Zuckerrohrfeld.

Links:
Der Hinduismus kennt eine Vielzahl von Göttern. Es soll mehrere Millionen hinduistische Götter geben.

Oben:
Markttag in Centre de Flacq. Textilien sind auf Mauritius besonders preiswert, weil hier viele Textilfabriken liegen.

Rechts:
Manchmal arbeitet die ganze Familie mit, um die Waren an den Mann zu bringen.

Ganz rechts:
Neben den Kleidungen westlichen Zuschnitts sind fast überall auch die traditionellen Kleidungsstücke zu bekommen.

Oben:
Der Markt von Centre de Flacq ist neben dem Wochenmarkt der Hauptstadt Port Louis der größte der Insel. Centre de Flacq ist die Bezirkshauptstadt von Flacq, dem größten Bezirk auf Mauritius.

Ganz links:
Die Fleischstände sind offen und entsprechen nicht dem Standard, den Besucher von Zuhause gewöhnt sind.

Links:
An genügend Möhren mangelt es an diesem Stand sicherlich nicht.

Seite 46/47:
Das 6-Sterne-Deluxe Hotel Constance Le Prince Maurice liegt auf einem wunderschönen Privatgrundstück an der Nordostküste von Mauritius; 45 Kilometer vom Flughafen und 35 Kilometer von der Hauptstadt Port Louis entfernt.

Unten:
Mit einem der schönsten Strände der Ostküste, zwei Privatinseln, einem Givenchy Spa, fünf Restaurants und einem von Bernhard Langer entworfenen Golfplatz bietet das 6-Sterne-Hotel Le Touessrok beste Voraussetzungen für den Urlaub auf allerhöchstem Niveau.

Rechts oben:
Zur Begrüßung reicht der freundliche Mann am Empfang erst einmal eine Erfrischung. Das Resort Le Touessrok ist der Inbegriff von tropischem Luxus und gehört zu den „Leading Hotels of the World“.

Rechts Mitte:
Nicht nur die Nachspeisen im Le Touessrok bestechen. Gerichte aus neun europäischen und asiatischen Ländern, acht verschiedene Küchen, aufgeteilt in mehrere Bereiche, bietet das Hauptrestaurant.

Rechts unten:
Lokale Köstlichkeiten werden vom Küchenpersonal umgehend verarbeitet und kommen in den verschiedenen Restaurants des Le Touessrok direkt auf den Tisch.

Der schönste Tag im Leben – Heiraten auf Mauritius

Am späten Nachmittag ist es vollbracht: Louise und Philip Hewetson haben im wunderschönen 6-Sterne-Hotel Le Touessrok geheiratet, der Fotograf macht seine Fotos und ein festliches Dinner wartet auf die Frischvermählten. Eine Traumhochzeit, wie sich viele dies wünschen. Mauritius gilt als Paradies zum Heiraten oder für die Flitterwochen. Ob Trauung am Strand, auf dem Wasser oder nach hinduistischem Brauch, auf eher abenteuerliche Weise bei einer Segelfahrt, auf dem Meeresgrund oder über den Wolken – der Fantasie sind hier keine Grenzen gesetzt. Mauritius macht den schönsten Tag im Leben zu einem unvergesslichen Erlebnis.

Nach dem mauritischen Personenstandsgesetz kann die Ehe von Ausländern ohne Wohnsitz in Mauritius am Tag nach dem Aufgebot geschlossen werden. Die Heiratswilligen müssen dem Standesbeamten bei der Bestellung des Aufgebots eine vom Central Civil Status Office (Hauptstandesamt) ausgestellte Bescheinigung vorlegen, dass sie frei sind, die Ehe zu schließen, weder die mauritische Staatsangehörigkeit besitzen, noch einen Wohnsitz in Mauritius haben (certificate of non-citizens/non residents). Es muss diesbezüglich eine eidesstattliche Versicherung vor dem Chief Registrar des Supreme Court (Oberstes Gericht) abgegeben werden. Die Bescheinigung muss spätestens zehn Tage vor dem geplanten Eheschließungsdatum beim Central Civil Status Office unter folgender Anschrift beantragt werden: Registrar of Civil Status, 7th level, Emmanuel Anquetil Building, Port Louis.

Dem Antrag sind folgende Urkunden beizufügen: zwei Fotokopien beider Geburtsurkunden (internationale Geburtsurkunde), zwei Fotokopien des Passes beider Heiratswilligen (die ersten drei Seiten), eventuell Scheidungsurteil oder Sterbeurkunde bei Verwitweten, mögliche Nachweise über Namensänderungen. Alle Unterlagen müssen ins Englische oder Französische übersetzt werden, die Fotokopien müssen beglaubigt sein. Die Originale sollte man bei seiner Reise dabei haben. Die Eheschließung erfolgt durch den Standesbeamten des Ortes, an dem die Parteien wohnen (sich urlaubsbedingt aufhalten). Die Ehe wird in Anwesenheit von zwei Zeugen (auch Ausländer) im Standesamt oder in jedem Privatgebäude geschlossen. Ein Dolmetscher ist erforderlich, wenn einer der beiden Heiratswilligen weder des Englischen noch des Französischen hinreichend mächtig ist.

Jede im Ausland rechtsgültig zustande gekommene Eheschließung gilt automatisch auch in Deutschland. Der Nachweis wird über die Heiratsurkunde erbracht. Die mauritische Heiratsurkunde muss zur Verwendung in Deutschland allerdings mit einer Apostille versehen sein. Die Apostille wird vom Permanent Secretary of the Prime Minister in Port Louis auf der Urkunde erteilt (entsprechend dem Haager Übereinkommen vom 5.10.1961 zur Befreiung ausländischer öffentlicher Urkunden von der Legalisation). Die Anschrift dazu lautet: Prime Minister, 4th Floor, Prime Minister's Office, Port Louis.

Traumkulisse

Da sich die Vorschriften ändern könnten, sollten verbindliche Auskünfte über die Rechtsvorschriften zum Beispiel bei der Botschaft von Mauritius in Berlin eingeholt werden (www.mauritius-embassy.de). Informationen zur Eheschließung auf Mauritius findet man auch auf der Webseite der mauritischen Regierung (www.gov.mu) unter der Rubrik „Non citizen". Zahlreiche Reiseveranstalter bieten auch die komplette Organisation an, damit fällt die Abwicklung noch leichter. Vor Ort kann in fast allen Hotels ein spezielles Hochzeits- und Flitterwochenpaket gebucht werden. Rundumservice ist kein Problem. Die Hochzeitsplaner der Hotels übernehmen die Abwicklung der Hochzeitsformalitäten auf dem Standesamt in Port Louis bis hin zur Organisation und Durchführung der Trauungszeremonie. Wenn Sie einen besonderen Ort zum Heiraten suchen oder Ihre Flitterwochen im Paradies verbringen möchten, ist Mauritius sicherlich die erste Wahl. Fern von Stress und Alltag bilden Palmen und Strand die Traumkulisse für eine romantische Hochzeit, für den schönsten Tag im Leben.

Links: Nach dem Ja-Wort gibt es eisgekühlten Champagner.

Oben: Die Gäste können kommen – alles ist für die Hochzeit vorbereitet.

Rechts oben:
Ob zu Fuß, mit dem Golfwagen oder dem geschmückten Boot – zur Trauung ist es nicht weit auf Mauritius.

Rechts Mitte:
Traumhochzeit am Strand des Spitzenhotels Le Touessrok.

Rechts:
Aus einheimischen Blüten werden die Dekorationen gefertigt.

Rechts:
Bootsfahrt zur Badeinsel Île aux Cerfs. Der Blick geht zu den unberührten Küstenabschnitten der Ostküste, die mit Mangroven bewachsen sind.

Unten:
Vom hoteleigenen Bootsanleger fahren die Gäste des Le Touessrok kostenlos zur vorgelagerten Insel Île aux Cerfs.

Oben:
Der 18-Loch-Golfplatz des Le Touessrok liegt auf der Île aux Cerfs und wurde von dem Golfpromi Bernhard Langer entworfen.

Links:
Der Le Touessrok Golf Course ist von türkisblauem Wasser umgeben und gehört bei Golfprofis zu den beliebtesten Plätzen der Welt.

Seite 54/55:
Die kleine unbewohnte Insel Île aux Cerfs ist am Wochenende gut besucht. Einheimische und Touristen teilen sich die flache Lagune.

Oben:
Das Le Barachois befindet sich im Südosten der Insel Mauritius in bezaubernder Lage am Vieux Grand Port in der Anse Bambous. Ein kleiner, rustikaler Komplex aus Naturstein, Holz und Stroh.

Rechts:
Mit frischen Produkten aus eigener Fischzucht werden die Gäste des Le Barachois im originellen kleinen Restaurant verwöhnt. Gedünstete Meereskrebse, Langusten, Riesengarnelen, Tintenfisch und auf kreolische Art zubereitete Kraken gehören zu den Spezialitäten.

Oben:
Das Le Barachois verfügt über ein Restaurant und 16 im kreolischen Stil, auf Pfeilern stehenden Bungalows, mit einem unverbauten Blick aufs Wasser.

Links:
Heute wird gerade das neue Video gedreht. Linzy Bacbotte ist die bekannteste Sängerin von Mauritius mit zahlreichen Nummer-1-Hits.

Oben:
Mahébourg ist das Zentrum im Südosten der Insel mit rund 20 000 Einwohnern, nur etwa zehn Autominuten vom Internationalen Flughafen entfernt.

Rechts:
Nach einem Aufstieg über 100 steile Stufen bietet sich vom Turm der Kathedrale Notre-Dame d'Anges ein guter Überblick über Mahébourg.

Oben:
Das Marinemuseum liegt am südlichen Ortseingang von Mahébourg und zeigt eine historische maritime Sammlung zur Geschichte von Mauritius. Im gepflegten Garten stellen einheimische Künstler ihr Kunsthandwerk aus und bieten Souvenirs feil.

Links:
In der Bucht Vieux Grand Port vor den Toren von Mahébourg fand im Jahr 1810 eine Seeschlacht zwischen Franzosen und Engländern statt. Heute ist die Stadt das Fischereizentrum des Landes.

Vom Piratennest zur erfolgreichen Demokratie

Das Paradies im Indischen Ozean", so nennen Reiseveranstalter die Insel Mauritius in ihren Prospekten. Und wer beim Landeanflug die grüne Insel sieht, eingefasst von schneeweißen Stränden und der blauen See, könnte ihnen zustimmen. Es ist schon ein einzigartiges Reiseziel, 2000 Kilometer vor der Ostküste Afrikas, 1000 Kilometer vor Madagaskar. In mehreren Phasen, beginnend vor zehn Millionen Jahren, entstand Mauritius durch Vulkanausbrüche aus dem Meer. Das Zentralplateau mit Kratern, Flüssen und Wasserfällen steigt bis auf 600 Meter und ist von Bergketten mit Höhen über 800 Metern umgeben. Fast die ganze Insel ist von einem Korallenriff eingerahmt, welches die Brandung und Großfische abhält und eine flache Lagune mit besten Sport- und Bademöglichkeiten bildet.

Erste Europäer

Mauritius hat eine sehr wechselvolle Geschichte. Arabischen Seefahrern war die Insel schon im 10. Jahrhundert bekannt. Als erste Europäer entdeckten um 1500 Portugiesen das Eiland und benutzten es als Stützpunkt auf dem Seeweg nach Indien. 100 Jahre später nahmen die Niederlande die Insel in Besitz. Sie gaben ihr den Namen „Mauritius", die lateinische Bezeichnung für „Moritz", ihrem Statthalter Moritz von Nassau. Sie gründeten Siedlungen, führten das Zuckerrohr ein, importierten Sklaven aus Madagaskar zur Bearbeitung der Felder. Aber es gelang kein wirtschaftlicher Aufbau. Wirbelstürme, Überschwemmungen und Dürreperioden, Nahrungsmangel und Krankheiten zwangen die Niederländer um 1710 zur Aufgabe der Insel. Piraten machten sich dort breit.
1715 übernahm Frankreich Mauritius, nannte es „Île de France" und begann sofort und auch erfolgreich den Kampf gegen die Seepiraten. Der Gouverneur Mahé de Labourdonnais wurde eingesetzt, gründete Port Louis, die spätere Hauptstadt, und brachte dem Land neuen Aufschwung. Französische Verwaltungsbeamte kamen, die französische Sprache wurde Amtssprache. Der Code Civil Napoleon, das Zivilrecht, wurde eingeführt und gilt noch bis heute. Es garantierte unter anderem Gleichheit vor dem Gesetz und Freiheit für jeden. Die wirtschaftliche Lage wurde verbessert durch die Anlage von Zuckerrohrfeldern. Ab 1767 war die Insel französische Kronkolonie.
1810 besetzten die Engländer nach dem siegreichen „Mauritiusfeldzug" gegen die Franzosen die Insel und das benachbarte Rodrigues. Beide wurden 1814 durch das Abkommen von Paris britische Kronkolonien. Auf Mauritius lebten damals 78 000 Menschen, 80 Prozent davon waren Sklaven. Als im Jahre 1835 die Kolonialmacht die Sklaverei verbot, wollte die Mehrzahl der Freigelassenen nicht mehr auf den Zuckerrohrfeldern arbeiten. Etwa eine Million indischer Vertragsarbeiter wurden ins Land geholt. Epidemien und Naturkatastrophen und eine Krise in der Zuckerrohrindustrie führten am Ende des 19. Jahrhunderts zu einer Abwanderung eines großen Teiles der Bevölkerung. Nach zwei Weltkriegen und über 150 Jahren britischer Herrschaft wurde Mauritius 1968 ein souveräner Staat im Commonwealth und 1992 nach Einführung einer neuen Verfassung zur parlamentarischen „Republic of Mauritius". Die heutige Regierung ist eine der wenigen stabilen Demokratien in Afrika mit regelmäßigen freien Wahlen und Garantien für Menschenrechte. Sie konnte dadurch beachtliche ausländische Investitionen ins Land holen und hat eines der höchsten Kapitaleinkommen in Afrika.

Verschiedenste Herkunft

Im Laufe seiner Geschichte ist Mauritius von Menschen verschiedenster Herkunft besiedelt worden. Europäer und Afrikaner, Inder und Chinesen kamen, mit unterschiedlichen Sprachen, Religionen und Traditionen. Heute stammen zwei Drittel der Einwohner aus Indien. Ein großer Teil sind sogenannte Kreolen, Nachkommen von ehemaligen Sklaven aus Madagaskar und Afrika, vermischt mit Europäern und anderen Gruppen. Eine Minderheit von etwa zwei Prozent sind Weiße. Die Insel ist zu einem fast perfekten Modell einer friedlichen Koexistenz geworden. Die offizielle Amtssprache ist Englisch. Aber als Muttersprache für fast 90 Prozent aller Einwohner gilt Kreolisch. Es basiert auf dem Französischen mit afrikanischen, indischen und englischen Elementen. Diese Umgangssprache wird nicht in den Schulen gelehrt und kaum im Fernsehen angeboten. In den Massenmedien und in der Öffentlichkeit dominiert Französisch, die Sprache der Oberschicht im Lande.

Links:
Den flugunfähigen Vogel Dodo gibt es auf Mauritius seit Ende des 17. Jahrhunderts nicht mehr.

Oben:
Pierre Julien Gilbert malte die Seeschlacht von Grand Port, die im August 1810 während des Mauritiusfeldzuges der Briten stattfand.

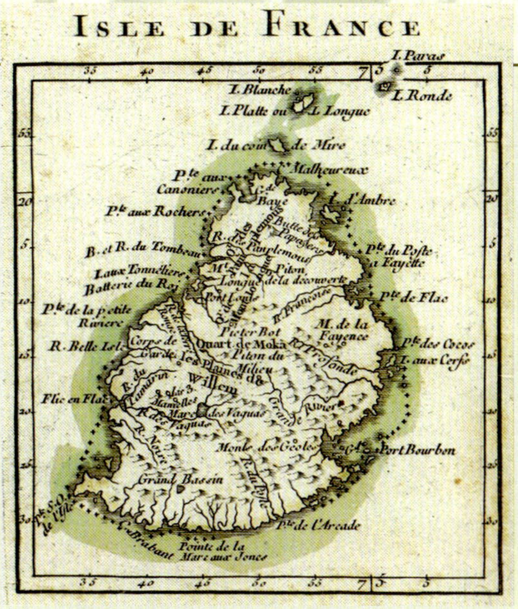

Kleine Bilder rechts, von oben nach unten:
1715 bis 1810 herrschten die Franzosen über Mauritius, das sie Île de France nannten. Die Karte stammt aus dem Jahre 1791 von Rigobert Bonne.

1598 nehmen die Holländer Mauritius in Besitz und benennen es nach dem holländischen Prinzen Moritz (Maurits). Das Bild zeigt hundert Jahre später Holländer auf der Insel.

Die Saint Louis Kathedrale war die erste Kirche des Landes aus dem Jahre 1752.

Johannes van Keulen aus Amsterdam kartografierte im Jahre 1753 Mauritius.

Unten:
Eine der vielen Prozessionen, die das Jahr über auf Mauritius stattfinden, zieht heute durch die Straßen von Mahébourg.

Rechts oben:
Bei einer Hindu-Prozession tragen die Gläubigen schwere Gestelle auf ihren nackten Schultern, bei zahlreichen Gläubigen ist die Haut durchbohrt mit Pfeilen und Haken im Gesicht und am Körper.

Rechts Mitte:
Die Polizei leitet den Verkehr um, während Musikgruppen mit Trommeln und Posaunen durch die Hauptstraße von Mahébourg ziehen.

Rechts unten:
Ein religiöses Ritual selbst bei den Kindern. Auch die jüngsten Teilnehmer der Prozession tragen die Gestelle auf ihren Schultern, sind in Trance durch Fasten und Meditation.

Rechts:
Der Hindu-Tempel in Poste de Flacq liegt auf einer Landzunge an der Pointe d'Esny und heißt Kashinath Mandir.

Unten:
Zahlreiche Bildnisse und Figuren der hinduistischen Götter lassen sich im Kashinath Mandir-Tempel bewundern.

Oben:
Am Rande eines Feldes im Osten von Mauritius haben Einheimische diese kleine und farbenfrohe Gebetsstelle errichtet.

Links:
An der Uferpromenade in Mahébourg steht eine große Buddhafigur.

Oben:
Entlang der Bewässerung oder auch zwischen den Feldern finden sich immer wieder kleine religiöse Stätten, an denen man beten kann.

Rechts:
Bäuerinnen auf einem Feld im Osten des Landes. Die Arbeit ist hart und nur wenig wird maschinell erledigt.

Links:
Große Wäsche an einem kleinen Flusslauf außerhalb des Dorfes.

Unten:
Eine hinduistische Götterfigur soll für gute Erträge auf dem Feld sorgen.

Oben:
Am Internationalen Flughafen Plaisance hebt gerade eine Air Mauritius Maschine ab. Die Fluggesellschaft wurde im Jahr 1967 gegründet und bedient 25 Ziele auf vier Kontinenten.

Rechts:
Mit drei Bell 206 Jet Ranger bietet Air Mauritius Verbindungen vom Flughafen zum Hotel oder Sightseeing-Rundflüge an.

Links:
Die Flotte von Air Mauritius besteht aus zwölf Flugzeugen, von denen zehn vom Typ Airbus sind. In Deutschland fliegt die Airline Frankfurt am Main und München an.

Von Port Louis zu den Rochester Falls – der Westen und der Süden

Das Hotel Heritage Le Telfair liegt im Süden in der Domaine Bel Ombre und gehört zu den „Small Luxury Hotels of the World". Es wurde zum besten Golf Resort in Mauritius gewählt und der Swimmingpool hat 600 Quadratmeter.

Die Hauptstadt Port Louis im Westen von Mauritius wurde 1735 gegründet. Von der Zitadelle hat man einen guten Überblick über die Stadt. Neben großen Firmen und Finanzinstitutionen findet man hier immer noch bunte Märkte, Straßenhändler und Häuser aus der Kolonialzeit. Der malerische Zentralmarkt, erst 2004 wieder vollständig aufgebaut, ist Treffpunkt aller Mauritier. Hier findet sich alles, was den mauritischen Charme ausmacht: Kunsthandwerk und Gemüse, Fleisch und Fisch, oder sogar Heilkräuter.

Im Südwesten der Insel liegt die Halbinsel Le Morne Brabant mit dem majestätischen gleichnamigen Berg. Mehrere Spitzenhotels, wie das Hotel Le Paradis, nutzen den flach abfallenden Strand. Am südöstlichsten Punkt treffen sich die internationalen Stars der Kitesurfer-Szene, um an ihren sportlichen Künsten zu feilen. Eine gewundene Straße mit atemberaubenden Blicken auf den Berg Le Morne Brabant führt von Case Noyale zur siebenfarbigen Erde von Chamarel. Diese besteht aus Hügeln, deren Erde aus Schattierungen in blau, grün, rot und gelb einen interessanten Kontrast zur grünen Umgebung gibt. Der in der Nähe gelegene Chamarel-Wasserfall stürzt aus einer reichen Vegetation über 100 Meter in die Tiefe.

Im Süden gibt sich Mauritius als wilde Schönheit: Zerklüftete Berge, schäumende Wasserfälle und der heilige See Grand Bassin bilden ein Paradies landschaftlicher Kontraste. Vom Hotel Heritage Le Telfair in Bel Ombre unternimmt man Ausflüge in das Frédérica Nature Reserve. Souillac liegt an der rauen Steilküste des Bezirkes Savanne. Der Charme von Souillac beruht auf seiner wilden Küstenlandschaft aus schroffen Felsen, über die das ganze Jahr die Wellen des Ozeans hinwegfegen – ein Kontrast zu den ruhigen Stränden im Norden. Andere Attraktionen sind die von Erosion geformte, felsige Küste von Gris Gris und die Rochester Falls.

Oben:
Der Strand des Hotels Heritage Le Telfair fällt flach ins Wasser ab, die meisten Wassersport-Aktivitäten sind für die Gäste kostenlos.

Rechts:
Ein schönes Bild sind die großen Muscheln, wie sie an fast allen Stränden als Souvenir angeboten werden. Von einer Einfuhr nach Europa sollte man aber Abstand nehmen.

Seite 74/75:
An der südlichen Spitze von Mauritius in Souillac und Gris Gris zeigt sich die Küste von ihrer rauen Seite und es kann nicht gebadet werden. Dafür hat man einen herrlichen Ausblick aufs Meer.

Links:
Der Strand des Hotels Heritage Le Telfair erstreckt sich über fast zwei Kilometer.

Unten:
Einheimische Fischer kommen am frühen Morgen oder in den Abendstunden auch an den Hotelstrand, um mit ihren Wurfnetzen Fische zu fangen.

Oben:
Das Le Château de Bel Ombre gehört zum Hotel Heritage Le Telfair und ist ein gehobenes Spezialitätenrestaurant. Tagsüber starten hier die Ausflüge in das Frédérica Nature Reserve.

Rechts:
Früher gab es in Bel Ombre eine Zuckerfabrik, heute ist diese allerdings eine Ruine.

Links:
Zum Château de Bel Ombre gehört ein französischer Garten, dahinter erstreckt sich der Golfplatz.

Auf der Spur des Zuckers

Wer sich auf Mauritius außerhalb der Strände und Städte bewegt, wird sich vielleicht über die großen landwirtschaftlich genutzten Flächen mit den Zuckerrohrfeldern wundern. Er wird zwei Landschaften erleben, wenn er sie vor oder nach der Zuckerrohrernte sieht. In den Monaten März bis Juni wachsen die Pflanzen wie eine grüne Mauer neben den Straßen, manchmal kilometerweit. Geerntet werden dann in den folgenden Monaten nur die Stangen, die nach dem Abschlagen oder Abflämmen der Blätter stehen bleiben.

Zuckerrohr, Saccharum officinarum, ist eine Grasgattung, die in vielen tropischen Ländern angebaut wird. Die Pflanzen werden bis zu fünf Meter groß, haben rohrartige Stängel mit Durchmessern bis zu fünf Zentimetern, mit seitlichen Blättern und seidenhaarigen Blütenrispen. Das Mark im Innern dieses „Rohres" ist das Produkt, aus dem der Rohrzucker dann hergestellt wird. Gezogen wird das Zuckerrohr aus Stecklingen, bis zu fünfzig Zentimeter lange Stücke des reifen Stängels, die in Furchen auf den Feldern abgelegt werden. Die austreibenden Schösslinge wachsen sehr schnell und schon nach etwa neun Monaten ist eine erste Ernte möglich. Alle zwölf Monate kann geerntet werden, bevor nach drei bis sieben Jahren die Pflanzungen neu angelegt werden.

Harte Arbeit

Bei der Ernte werden die Pflanzen geköpft, entblättert und kurz über dem Boden abgehauen. Das war und ist immer noch eine harte Arbeit mit der Machete, ausgeführt von Wanderarbeitern oder Tagelöhnern. Mechanisierte Erntemaschinen gibt es nur bei sehr großen Betrieben. Zur Arbeitserleichterung wurden und werden auch heute oft Zuckerrohrfelder abgeflämmt und dann erst das Rohr abgehauen. Das geschnittene Zuckerrohr muss möglichst innerhalb von 24 Stunden verarbeitet werden, um Verluste durch Schädlinge zu vermeiden. Der Erntetermin muss also mit der Zuckerfabrik abgestimmt werden. Zuerst wird das Zuckerrohr in Mühlen gemahlen und der Saft wird ausgepresst. Durch Erhitzen und Eindampfen, durch Raffination unter Verwendung von Wasser und Hilfsstoffen entsteht dann der Zucker. Je weißer er sein soll, desto mehr Aufwand ist erforderlich. Die bei der Produktion ausfallenden Stoffe werden alle verwertet. Enthalten sie noch Zucker, können sie zu Alkohol vergoren oder an Rinder verfüttert werden, andere können als Dünger oder zum Beheizen von Kesseln eingesetzt werden.

Hauptarbeitgeber auf der Insel ist neben dem Tourismus wie schon seit Jahrhunderten immer noch die Zuckerrohr-Industrie. Auf 80 Prozent der landwirtschaftlich genutzten Flächen wird Zuckerrohr angebaut, neun Fabriken produzieren 600 000 Tonnen Zucker im Jahr. Der Anteil am Exporterlös beträgt allerdings kaum 20 Prozent und wird in Zukunft noch geringer werden. Ein Abkommen mit der EU, das Preise über dem Niveau des Weltmarktes vorsah, läuft in den kommenden Jahren aus.

Das Zuckermuseum „L'Aventure du Sucre" in Pamplemousses zeigt auf staunenswerte Art und Weise, wie das Exportgut Mauritius geformt und verändert hat. Es befindet sich in einer alten Zuckerfabrik, auf dem Museumsgelände liegt noch das Restaurant Le Fangourin. Ein ausgeschilderter Weg führt die Besucher durch die verschiedenen Räume. Man erfährt viel über die Bedeutung des Zuckers früher und heute, über Ernte und Verarbeitung, und kann die Reise des Zuckers nachvollziehen. Die alten originalen Maschinen der Zuckerfabrik sind erhalten geblieben, es gibt Infotafeln, Videos und Hörbeispiele. Wer den Daheimgebliebenen etwas mitbringen möchte, wird in der Museums-Boutique fündig. Hier gibt es alles rund um Zucker, aber auch typische Souvenirs, wie T-Shirts, Gewürze und anderes (www.aventuredusucre.com).

Rumdestillerie

Andere Zuckerfabriken verfallen, wie zum Beispiel die von Bel Ombre, dafür entstehen neue Plätze wie die Rumdestillerie „Rhumerie de Chamarel" an der Straße nach Chamarel. Direkt auf dem Weg zur Siebenfarbigen Erde, welche von Ananasplantagen, Zuckerrohrfeldern und tropischen Bäumen gesäumt ist, ist der Besucher eingeladen, die vor Ort hergestellten Rumsorten zu probieren. Es werden Führungen durch die Destillerie, Direktverkauf der Produkte in der kleinen Boutique, sowie Mittag- oder Abendessen im Restaurant L'Alchimiste angeboten (www.rhumeriedechamarel.com).

Links:
Über das ganze Land verteilt findet man Zuckerrohrfelder.

Oben:
Eingebettet in die ursprüngliche Landschaft von Chamarel liegt die Rum-Fabrik.

Kleine Bilder rechts, von oben nach unten: *Das Schild markiert den Eingang zum Rum-Museum in Chamarel.*

Das Zuckermuseum von Pamplemousses erläutert die Geschichte des Zuckers in Mauritius.

Überreste einer Zucker-industrie findet man in Bel Ombre.

Die Zuckerfabrik in Britannia ist heute noch in Betrieb.

Unten:
Mehr als 60 Kilometer Wanderwege durchziehen den Black River Gorges Nationalpark. Das größte Schutzgebiet des Landes bedeckt 3,5 Prozent der Insel.

Rechte Seite:
Von einem Aussichtspunkt im Black River Gorges Nationalpark hat man Ausblick auf diesen kleinen Wasserfall. Vorsicht vor den Affen, die hier herumtollen und besonders frech sind

Linke Seite:
Auf dem Weg von Grand Bassin in den Osten erstrecken sich die weitläufigen Teeplantagen von Bois Chéri.

Links:
650 Tonnen Teeblätter werden jährlich in Bois Chéri verarbeitet. Anfangs sind sie noch feucht und müssen zuerst getrocknet werden.

Ganz links:
Die Verarbeitung hat begonnen. Noch folgen zahlreiche Schritte bis zum fertigen Produkt.

Links:
Mittlerweile ist der Tee fermentiert und fast fertig. Etwa vier Kilogramm frische Teeblätter ergeben ein Kilogramm Tee.

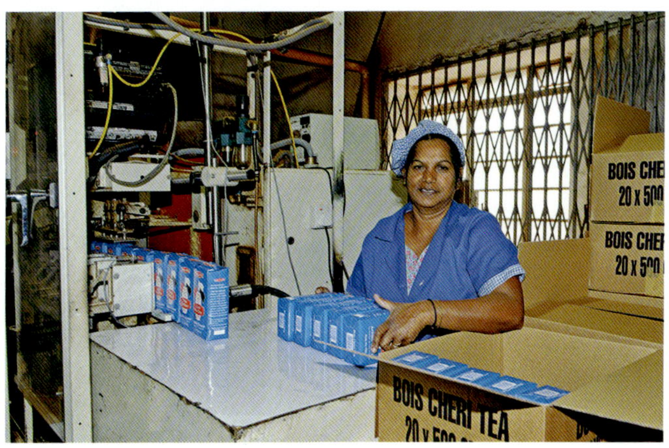

Ganz links:
Teeblatt und fertiger Tee zur Anschauung. In großen Papiersäcken wird der Tee zwischengelagert.

Links:
Nachdem noch unterschiedliche Aromen zugeführt wurden, wird der fertige Tee für die verschiedensten Verwendungszwecke konfektioniert.

Seite 84/85:
Die „farbige Erde von Chamarel“ ist ein Naturphänomen und das meistbesuchte Ausflugsziel auf Mauritius. Auf einem Hügel leuchtet die bunte Erde in sieben verschiedenen Farbnuancen. Eine wissenschaftliche Erklärung dafür gibt es bis jetzt nicht.

Unten:
In Grand Bassin säumen Tempel und Schreine einen heiligen Kratersee. Im Februar/März zum Shivaratree-Fest treffen hier mehrere hunderttausend Pilger ein, zu einem der größten Hindufeste außerhalb Indiens.

Rechts oben:
Die heilige Mutter Ganga wacht über Grand Bassin. Vor dem Haupttempel stehen am Ufer des Sees einige Götterfiguren.

Rechts Mitte:
Tempelwächter achten in Grand Bassin darauf, dass Besucher beim Betreten des heiligen Tempels ihre Schuhe ausziehen und eine kleine Spende geben.

Rechts unten:
Die Opfergaben der Gläubigen bestehen meist aus Räucherstäbchen und aus Blumen, sowie einer Banane oder einer Kokosnuss.

Oben:
Das Frédérica Nature Reserve steigt vom Meer bis auf 400 Höhenmeter an. Hier wachsen zahlreiche endemische Pflanzen, es gibt endemische Fledermäuse, mehr als 2000 Hirsche und viele Affen.

Rechts:
Trekking- und Biking-Touren können im Frédérica Nature Reserve unternommen werden. Wer es etwas komfortabler mag, wird eine Tour mit dem Vierradjeep bevorzugen.

Links:
Beliebt sind Gruppenausflüge mit doppelsitzigen Quad-Bikes, die allerdings nur mit Führung erlaubt werden.

Unten:
Weit geht der Blick über den Naturpark bis hinunter zur Südküste. Die Ausflugstouren können von montags bis sonntags unternommen werden.

Im Frédérica Nature Reserve kann man die Alexandra-Wasserfälle betrachten, die an der Grenze zum Black River Gorges Nationalpark liegen.

Von Souillac fährt man durch Zuckerrohrfelder zu den Rochester Falls. Von den säulenartigen Gesteinsformationen springen Einheimische in das zehn Meter tiefer liegende Becken.

Rechte Seite:
In Chamarel fällt der Fluss St. Denis über 127 Meter in ein Bassin. Der Besuch im Chamarel Park kostet einen geringfügigen Eintritt.

Links oben:
Mit dem Wäschekorb auf dem Kopf geht es in L'Escalier vom Dorf zum Waschplatz am nahe gelegenen Fluss.

Links Mitte:
In den ländlichen Gegenden und kleinen Orten ist die Handwäsche am Fluss noch weit verbreitet.

Links unten:
Gefegt werden Haus und Hof mit einem Reisigbesen.

Unten:
Idyllischer Waschplatz in L'Escalier. Zeit für den Austausch von Neuigkeiten bleibt bestimmt.

Rechts:
Das Hotel Heritage Le Telfair liegt an der Südküste von Mauritius, direkt am hoteleigenen Golfplatz und an einem unberührten Sandstrand. Zum kleinen Fischerdorf Bel Ombre sind es nur wenige Gehminuten.

Unten:
Das Frühstücksbuffet im Heritage Le Telfair ist mehr als reichhaltig und im Übernachtungspreis inbegriffen.

Oben:
Die luxuriöse Anlage des Heritage Le Telfair besteht aus 20 Villen und mehreren Gebäuden. Das stilvolle Hotel im Kolonialstil wurde im Sommer 2010 renoviert und verfügt über insgesamt 158 Gästezimmer.

Links:
Die Kräuter und Essenzen besorgen sich die Mitarbeiter aus dem eigenen Garten.

Seite 96/97:
In Macondé bei Baie du Cap verläuft die südliche Küstenstraße in einer Haarnadelkurve um eine Felsspitze herum.

Oben:
Den besten Überblick über die Hauptstadt Port Louis verschafft man sich vom Fort Adelaide, das auf einem kleinen Berg mitten in der Stadt thront.

Rechts:
Die Moschee von Port Louis liegt mitten im Zentrum. Rund 20 Prozent der Bevölkerung gehören dem Islam an.

Seite 98/99:
In der Hauptstadt Port Louis leben heute circa 175 000 Menschen. Ein bunter Mix aus alten Kolonial- und modernen Hochhäusern bestimmt das Bild der Hafenstadt.

Oben:
Der Schneider arbeitet an seiner alten Maschine schnell, akkurat und preisgünstig.

Links:
In den engen Gassen von Port Louis findet sich alles, was das Herz begehrt. Viele Waren werden aus China importiert.

Links:
Das Warenangebot im Zentralmarkt von Port Louis ist groß. Es gibt eine Halle für Obst und Gemüse und zwei Hallen für Fisch und Fleisch.

Links Mitte:
Aphrodisiaka und andere Heilkräuter werden an eigenen Ständen angeboten. Die Kräuterhändler beraten ihre Kundschaft bei allen Wehwehchen.

Links unten:
Eher die Ausnahme ist Trockenfisch in einem Land, in dem ansonsten nur der frische Fang des Meeres auf den Tisch kommt.

Unten:
Der Markt von Port Louis ist täglich geöffnet und sollte am besten in den Morgenstunden besucht werden. Das Feilschen um den besten Preis, außer bei Lebensmitteln, gehört auf jeden Fall dazu.

Oben:
Modernes Zentrum von Port Louis mit Vergnügungscenter, Restaurants, Bars und Geschäften internationaler Modelabels ist die Le Caudan Waterfront.

Rechts:
Der Eingang zum Zentralmarkt liegt zwischen der Le Caudan Waterfront und dem chinesischen Viertel.

Oben:
Imbisswagen wie hier im Ort Flic en Flac versorgen Einheimische und Besucher an Stränden und Sehenswürdigkeiten mit kleinen Leckereien und gekühlten Getränken.

Links:
Die Schulkinder der Hauptstadt besuchen den Casela Bird Park, in dem es über 150 verschiedene Vogelarten, vom Papagei bis zum Adler, zu beobachten gibt.

Seite 110/111:
Der Casela Bird Park liegt sechs Kilometer nördlich von Tamarin, auf dem Weg von Port Louis hinunter zum Süden. Der Zoo mit der grandiosen Aussicht ist täglich geöffnet.

Oben:
Das Hotel Le Paradis liegt an der Südwestküste von Mauritius, auf einer Landzunge am Fuße des Le Morne Brabant, umgeben von üppiger Vegetation und mit einem herrlichen circa sieben Kilometer langen Sandstrand.

Rechts:
Das Beachcomber-Hotel Le Paradis bietet als größtes Freizeit-Resort in Mauritius eine erstklassige Unterbringung in Zimmern, Suiten oder Villen, die von einem makellos weißen Sandstrand und der größten Lagune der Insel umgeben sind.

Links:
Unweit des Hotels liegt der Strand Pointe Sud-Ouest, an dem sich die internationale Kite-Surfing-Szene trifft.

Unten:
Das Le Paradis liegt neben dem Dinarobin, einem benachbarten Beachcomber-Hotel der gleichen Kategorie. Die Anlagen beider Resorts werden gemeinsam genutzt. Viele Wassersport-Angebote sind kostenlos.

Ohne Verkehrsampeln – die Nachbarinsel Rodrigues

Die kleine Insel Rodrigues liegt mitten im Indischen Ozean, etwa 560 Kilometer entfernt von Mauritius, zu der sie politisch gehört. Die Insel ist nur wenig erschlossen.

Rodrigues liegt ungefähr 650 Kilometer östlich der Hauptinsel Mauritius. Die Hauptstadt des 108 Quadratkilometer großen Eilandes ist Port Mathurin, Hauptsprache ist Englisch, Umgangssprache ist Rodriguais, ein französisches Kreolisch. 1601 landeten die Holländer auf dem Weg nach Osten auf der Insel, ein Besiedlungsversuch scheiterte aber. Die Insel blieb für vorbeifahrende Schiffe lange Zeit nur eine Landmarke auf dem Weg Richtung Indien, ein Zufluchtsort vor Stürmen und eine gute Versorgungsmöglichkeit für frisches Wasser und Schildkrötenfleisch. In den 1970er-Jahren gab es nur eine einzige asphaltierte Straße in Port Mathurin und rund 60 Autos. Auch heute gibt es immer noch nur eine einzige Tankstelle und keine Verkehrsampel auf der gesamten Insel. Seit dem Jahr 2002 genießt Rodrigues eine Autonomie mit einer eigenen Regionalversammlung innerhalb des Staates Mauritius. Das Leben verläuft in einem entspannten Rhythmus und das Inselgefängnis ist bekannt für seine offene Tür.

Die vulkanische Insel ist Teil der Inselkette der Maskarenen und ihrerseits von mehreren kleinen Inseln umgeben. Rodrigues hat circa 40 000 Einwohner. Das Eiland ist auf allen Seiten von einer weitläufigen Lagune umgeben. Höchste Erhebung ist der Mont Limon mit einer Höhe von 398 Metern. Das Klima ist rauer als auf Mauritius, die Sommer heißer (29°C bis 33°C), die Winter kühler (14°C bis 18°C). Fischfang und Tierzucht sind die wichtigsten Wirtschaftsfaktoren, aber auch der Tourismus gewinnt langsam an Bedeutung. Das Naturschutzgebiet François Leguat Tortoise Reserve beherbergt Riesenschildkröten und außerdem 100 000 verschiedene einheimische Pflanzenarten. Höhlenforscher haben in dem Reservat außerdem 26 Kalkstein-Höhlen entdeckt. Beliebt sind Angelausflüge, sowie Wander- und Trekkingtouren. Zu den schönsten Hotels zählt das Mourouk Ebony Hotel in Paté Reynieux.

Oben: Rodrigues ist landschaftlich sehr natürlich geblieben. Nur circa 40 000 Einwohner leben auf der 109 Quadratkilometer großen Insel.

Rechts: Entlang der Straßen verkaufen Einheimische an kleinen Ständen bäuerliche Erzeugnisse.

Seite 118/119:
Die wenigen Strände von Rodrigues sind weitläufig, unberührt und menschenleer. Die schönsten von ihnen sind an der Ostküste in der Nähe des Pointe Cotton.

Links:
Nur wenige Taxis fahren auf Rodrigues, die meisten Einwohner sind mit dem Bus unterwegs, der über teilweise abenteuerliche Straßen seinen Weg nimmt.

Unten:
Der größte Teil der Einwohner wohnt in kleinen Dörfern oder einsam in der Natur, nur 6000 Menschen leben in der Hauptstadt Port Mathurin.

Oben:
Ob heute noch jemand kommt, der einen Bootsausflug zum Fischen oder Tauchen unternehmen will?

Rechts:
Die Reusen der Fischer liegen am Strand. Rodrigues ist eine Insel der Ruhe, laute Wassersportaktivitäten gibt es keine.

Oben:
Aufstellung zum Gruppenfoto für den Fotografen, der eine willkommene Abwechslung bietet.

Links:
Ein „voll besuchter" Strand am Sonntagnachmittag. Hier ist wirklich noch Platz zum Baden und Ausspannen.

Unten:
Fingerfertigkeit ist gefragt. Das Flicken der Netze gehört zur Arbeit der Fischer dazu.

Rechts oben:
Die Bewohner von Rodrigues leben von Fischfang, Tierzucht oder Landwirtschaft. Nur wenige Einheimische verdienen ihr Geld im Tourismusbereich.

Rechts Mitte:
Vor den Häusern und in den Gärten wird ein Teil des täglichen Fanges zum Trocknen aufgehängt.

Rechts unten:
Auch der oft gefangene Tintenfisch trocknet in der Sonne.

Linke Seite:
Auf Rodrigues gibt es vermutlich mehr Schafe als Autos, die meisten Bewohner leben von Fischfang und Viehzucht. Hier bestimmt die Natur den Lauf der Dinge.

In der „François Leguat Tortoise Reserve“ kommen Besucher den großen Landschildkröten ganz nahe. Große Anstrengungen zur Erhaltung des natürlichen Ökosystems werden unternommen.

Der Besuch einer Tropfsteinhöhle ist willkommene Abwechslung für Strandurlauber. Die gewaltige „Caverne Patate“ ist mit unzähligen Tropfsteinen über 1000 Meter lang.

Oben:
Im Zentrum von Port Mathurin steht noch eine alte Kanone – Erinnerung an die wechselvolle Geschichte von Rodrigues.

Rechts:
In Port Mathurin gibt es keine Hochhäuser und die kleine Hauptstraße ist schnell durchschritten.

Oben:
Die Neuigkeiten werden am Straßenimbiss oder auf dem Markt ausgetauscht, obwohl es mittlerweile auch Tageszeitungen auf Rodrigues gibt.

Links:
Samstags ist der große Markttag in Port Mathurin. Die Stände werden morgens in aller Frühe aufgebaut. Einmachgläser mit Chutneys und Chilis werden angeboten, genauso wie die für Rodrigues so typischen Strohhüte. Gegen Mittag zieht es dann alle wieder nach Hause und es wird ruhig in Port Mathurin.

AD
1873

Linke Seite:
Das Informationsbüro von Rodrigues ist in einem historischen Gebäude aus dem Jahr 1873 untergebracht. Hier wird einem auch in deutscher Sprache weitergeholfen.

Rodrigues ist die einzige kreolisch geprägte Insel im Indischen Ozean, auf der sich nie eine großflächige Plantagenwirtschaft entwickelte. Alles ist klein und beschaulich.

Der Fremdenverkehr als wirtschaftliches Standbein der Insel entwickelt sich nur langsam. Erst seit kurzem gibt es in Port Mathurin ein schön eingerichtetes Strandcafé, wie man es sonst von anderen Urlaubszielen kennt.

Unten:
Rodrigues ist vulkanischen Ursprungs und auf allen Seiten von einer weitläufigen Lagune umgeben. Das Korallenriff, das die Lagune umgrenzt, bietet nur wenige schmale Durchlässe für die Schifffahrt.

Ganz unten:
Das Klima auf Rodrigues ist rauer als auf Mauritius, die Sommer sind heißer (29 bis 33 Grad Celsius), und die Winter kühler (14 bis 18 Grad Celsius).

Rechts:
Von vielen Stellen hat man einen schönen Ausblick auf das Meer oder auf die vorgelagerten Inseln. Die höchste Erhebung der Insel, der Mont Limon, hat eine Höhe von 398 Metern.

Das Mourouk Ebony Hotel im Südosten von Rodrigues ist im kreolischen Stil gehalten und gehört zu den besten Häusern der Insel. Die zehn Bungalows mit den roten Dächern sind alle zum Meer ausgerichtet.

Abendstimmung am Pool des Mourouk Ebony Hotels. Jetzt noch eine Runde schwimmen oder doch lieber mit dem Cocktail auf den Sonnenuntergang warten?

Rechte Seite:
Vom Mourouk Ebony Hotel fällt der Blick auf einen Regenbogen, der über der Lagune steht.

Register

	Textseite	Bildseite
Anse Bambous		56
Anse La Raie		38
Baie du Cap		96, 97
Bel Air		8, 9, 20, 21, 43
Belle Mare	13, 26	
Bel Ombre	70, 78	70, 71, 76, 79, 94
Black River Gorges Nationalpark	16	80, 81, 90
Blue Bay	13	
Bois Chéri		82, 83
Britannia		79
Cap Malheureux	12, 13, 26	12, 13, 29, 30, 39
Casela Bird Park		109–111
Casela Yemen Nature Escapade Park	15, 16	16, 17
Case Noyale	70	
Centre de Flacq		44, 45
Chamarel	70, 78	78, 79, 84, 85, 91
Chapelle St. Croix		39
Choisy	12	
Coin de Mire	26	12, 13
Constance Belle Mare Plage, Hotel		41
Constance Le Prince Maurice, Hotel	26	10, 11, 26, 27, 46, 47
Dinarobin, Hotel		113
Flic en Flac	12	109
Frédérica Nature Reserve	70	76, 88–90
Goodlands		30, 31
Grand Baie	12, 15, 26	28–31, 40, 41
Grand Bassin	70	83, 86, 87
Grand Gaube	26	33
Grand Port	26	60
Gris Gris	70	74, 75
Heritage Le Telfair, Hotel	70	70–73, 94, 95
Île aux Cerfs	13, 14, 26	52–55
Île d'Ambre	13	
Île de l'Est	13	
Île Plate	26	
Îlot Gabriel	26	
L'Alchimiste, Restaurant	78	
Le Barachois, Restaurant		5, 56, 57
Le Bastide, Restaurant		33
Le Château de Bel Ombre, Restaurant		76, 77
Le Fangourin, Restaurant	78	
Legends, Hotel	26	32, 33
Le Morne Brabant	13, 18, 70	112
Le Paradis, Hotel	13, 70	112, 113
Le Pétrin	16	
L'Escalier		92, 93
Le Touessrok, Hotel	14, 26, 50	48–53
Macondé		96, 97
Mahébourg	13, 18, 26	58, 59, 62, 63, 65
Maritim, Hotel		22, 23, 35
Palmar	26	
Pamplemousses	16, 26, 78	36, 37, 79
Péreybère	12	
Piton de la Petit Rivière Noire	16	
Plaisance, Flughafen		68, 69
Pointe d'Esny		64
Pointe Sud-Ouest		113
Point Madras		38
Port Louis	12, 18, 50, 60, 70, 102	14, 15, 98–108
Poste de Flacq		64
Riche Terre	18	
Rochester Falls	70	90
Rodrigues	18–20, 60, 114	114–13
- Anse aux Anglais	19	
- Baie aux Huîtres	19	
- Caverne Patate		12
- François Leguat Tortoise Reserve	114	12
- Mont Limon	114	130, 13
- Mourouk Ebony Hotel	114	132, 13
- Paté Reynieux	114	
- Pointe Cotton		118, 11
- Port Mathurin	19, 114	117, 126–12
Roches Noires	13	
Souillac	70	74, 75, 9
Tamarin		110, 11
Triolet		4
Trou aux Biches	12	
Trou d'Eau Douce	13, 26	
Vieux Grand Port		56, 5
Wolmar	12	

5 km
Pointe l'Hortal
Pointe aux Cannoniers
Grand Baie
Grand Gaube
Petit Raffray
Grande Baie
Goodlands
Île d'Ambre
Aquarium
Fond du Sac
Batterie des Grenadiers
Triolet
Pointe aux Piments
Morcellement St André
Plaines des Papayes
Poudre d'Or
Piton
Jardin Botanique
Rivière du Rempart
Arsenal
Pamplemousses
Roches Noire
Baie du Tombeau
Calebasses
Belle Vue Maurel
Pointe Lafayette
Terre Rouge
D'Epinay
Plaine des Roches
Bird Reserve
Long Mountain
Laventure
Poste de Flacq
Pointe aux Sables
PORT LOUIS
Bon Accueil
Quatre Cocos
Pailles
Pieter Both 820 m
Crève Coeur
Lalmatie
Centre de Flacq
Belle Mare
Petite Rivière
Anse Courtois
Le Pouce 811 m
Union Flacq
BEAU BASSIN
Moka
St Pierre
St Julien D'Hotman
Ecroignard
Pointe Quatre Cocos
Canot
Camp de Masque Pavé
Trou d'Eau Douce
Dagotière
Quartier Militaire
Medine
ROSE HILL
Bel Air
Île de l'Est
Bambous
Mt Blanche 532 m
Île aux Cerfs
QUATRE BORNES
Highlands
Verdun Hill 537 m
Flic en Flac
Trois Îlots
Grande Rivière Sud Est
Montagne Blanche
Palma
PHOENIX
Casela Bird Park
Sebastopol
Quatre Soeurs
Mt du Rempart 545 m
VACOAS
CUREPIPE
Grand Sable
Tamarin
FLOREAL
Jardin Botanique
Tamarin
Midlands
Pointe du Diable
Seizième Mille
Bambous Virieux
Tourelle du Tamarin 548 m
Curepipe
Pointe Curepipe 686 m
La Val Nature Park
St Hubert
Bois des Amourettes
Baie de la Grande Rivière Noire
Grande Rivière Noire
Vieux Grand Port
Mare aux Vacoas
Nouvelle France
Cent Gaulettes
Anse Cotas
Rivière des Créoles
Petite Rivière Noire
Piton de la Petite Rivière Noire 828 m
Rose Belle
Mahebourg
Naval & Historique Museum
New Grove
Île aux Aigrettes
Case Noyale
Grand Bassin
Grand Bois
Île aux Bénitiers
Plaine Magnein
La Gaulette
Mt Cocotte 771 m
Mare Tabac
Chamarel Falls
Trois Boutiques
Mon Trésor-Mon Désert
Le Morne Brabant 555 m
Piton Savanne 704 m
Rivière Dragon
Piton du Fouge 596 m
Le Bouchon
Grande Savanne
Pointe Sud Ouest
Ilot Forneau
Le Cap
L'Escalier
Chemin Grenier
Le Souffleur
Baie du Cap
Rivière des Anguilles
Rochester Falls
Surinam
Baie Jacotet
Souillac
Le Gris Gris
Indischer Ozean

Viel zu entdecken – auch abseits der wunderschönen Strände – gibt es bei einem Traumurlaub auf Mauritius und Rodrigues.

Impressum

Buchgestaltung
www.hoyerdesign.de

Karte
Fischer Kartografie, Aichach

Printed in Germany
Repro: Artilitho snc, Lavis-Trento, Italien
www.artilitho.com
Druck und Verarbeitung: Offizin Andersen Nexö, Leipzig

ISBN 978-3-8003-4103-0

Danksagung
Thomas Haltner bedankt sich für die Unterstützung bei: Air Mauritius, dem Mauritius Informationsbüro MTPA mit Daria Kossogova und Zeenat Gangee, Carine Prosper und dem Hotel Mourouk Ebony auf Rodrigues, Sun Resorts Ltd. mit dem Hotel Le Touessrok, Naïade Resorts Ltd. mit dem Hotel Legends, Beachcomber Hotels mit dem Paradis Hotel & Golf Club, Veranda Hotel Managment Ltd. mit dem Heritage Le Telfair Golf & Spa Resort, Constance Hotels Experience mit dem Hotel Le Prince Maurice und dem Hotel Belle Mare Plage, sowie dem Maritim Hotel, allen Models und Fahrern.

Weitere Informationen
Fremdenverkehrsbüro Mauritius,
Josephspitalstraße 15, 80331 München.
Kostenlose Mauritius-Reiseführer bestellen unter:
089 552 533 825 oder mauritius@aviareps.com
Weitere Informationen auch in deutscher Sprache unter:
www.tourism-mauritius.mu